Impressum
Verlag: BABADADA GmbH, Nedderfeld 112 , 22529 Hamburg
Geschäftsführer / Verlagsleitung: Harald Hof
Druck: Books on Demand GmbH, In de Tarpen 42, 22848 Norderstedt

Imprint
Publisher: BABADADA GmbH, Nedderfeld 112 , 22529 Hamburg, Germany
Managing Director / Publishing direction: Harald Hof
Print: Books on Demand GmbH, In de Tarpen 42, 22848 Norderstedt

école

escuela

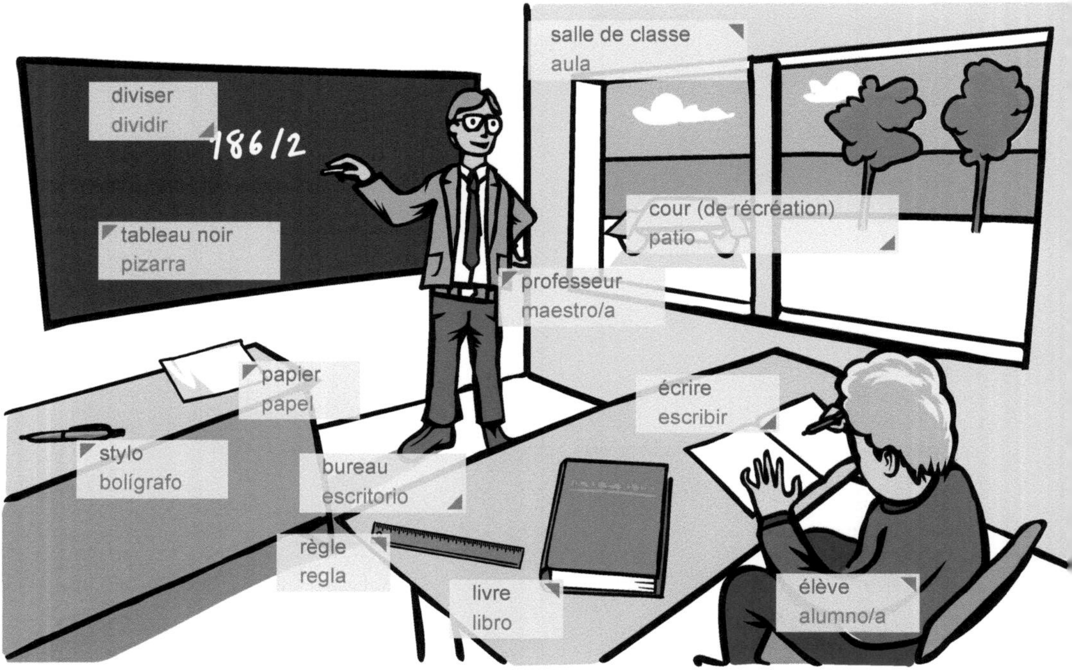
salle de classe
aula
diviser
dividir
186/2
tableau noir
pizarra
cour (de récréation)
patio
professeur
maestro/a
papier
papel
écrire
escribir
stylo
bolígrafo
bureau
escritorio
règle
regla
livre
libro
élève
alumno/a

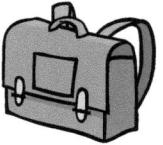

cartable

cartera

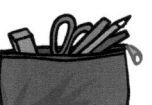

trousse

caja de lápices

crayon

lápiz

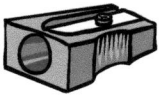

taille-crayon

sacapuntas

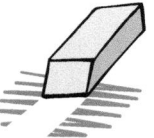

gomme

goma de borrar

carnet à dessin

cuaderno de dibujo

dessin

dibujo

pinceau

pincel

boîte de peinture

caja de pinturas

ciseaux

tijeras

colle

pegamento

cahier d'exercices

cuaderno de ejercicios

devoirs

deberes

chiffre

número

additionner

sumar

soustraire

restar

multiplier

multiplicar

calculer

calcular

lettre

letra

alphabet

alfabeto

mot

palabra

texte

texto

lire

leer

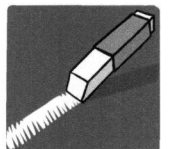

craie

tiza

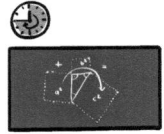

leçon

lección

livre de classe

cuaderno de notas

examen

examen

certificat

certificado

uniforme scolaire

uniforme escolar

formation

educación

lexique

enciclopedia

université

universidad

microscope

microscopio

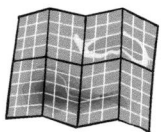

carte

mapa

corbeille à papier

papelera

voyage
viaje

hôtel
hotel
Grand
auberge
albergue
ROOMS
EXCHANGE
bureau de change
oficina de cambio de divisas
valise
maleta
voiture
coche

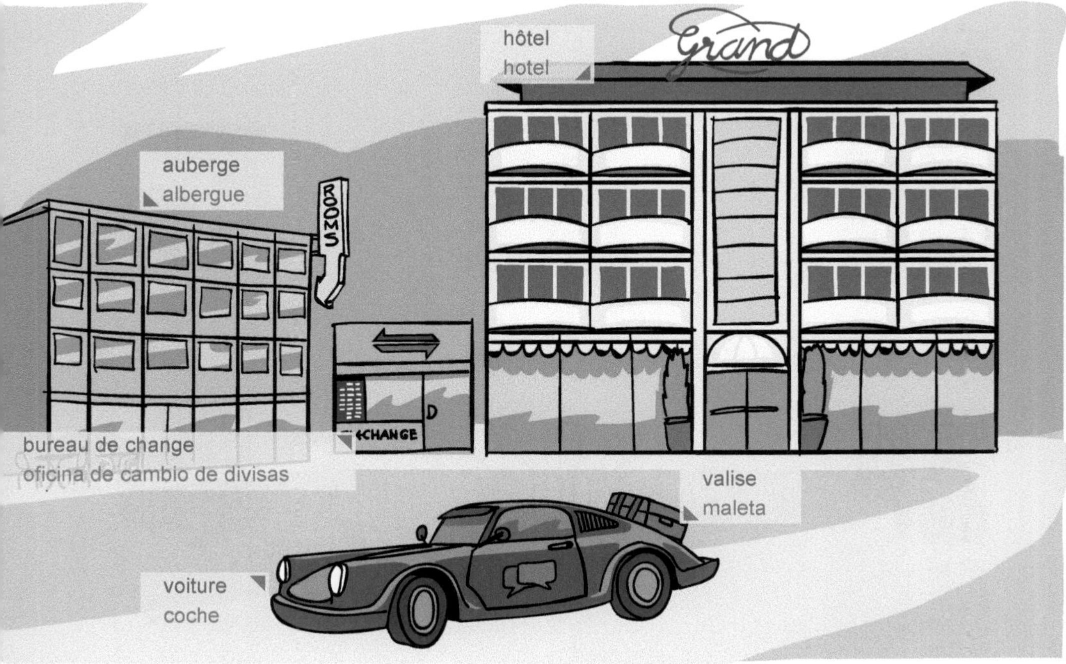

langue

idioma

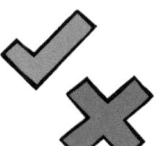

oui / non

sí / no

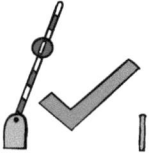

d'accord

Vale

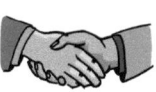

Salut

hola

interprète

traductor

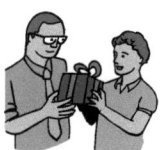

merci

Gracias

Combien coûte...?

¿cuánto es...?

Je ne comprends pas

No entiendo

problème

problema

Bonsoir !

¡Buenas tardes!

Bonjour !

¡Buenos días!

Bonne nuit !

¡Buenas noches!

Au revoir

adiós

direction

dirección

bagages

equipaje

sac

bolsa

sac-à-dos

mochila

hôte

invitado

pièce

habitación

sac de couchage

saco de dormir

tente

tienda de campaña

office de tourisme

información turística

plage

playa

carte de crédit

tarjeta de crédito

petit-déjeuner

desayuno

déjeuner

almuerzo

dîner

cena

billet

billete

ascenseur

ascensor

timbre

sello

frontière

frontera

douane

aduana

ambassade

embajada

visa

visa

passeport

pasaporte

transport
transporte

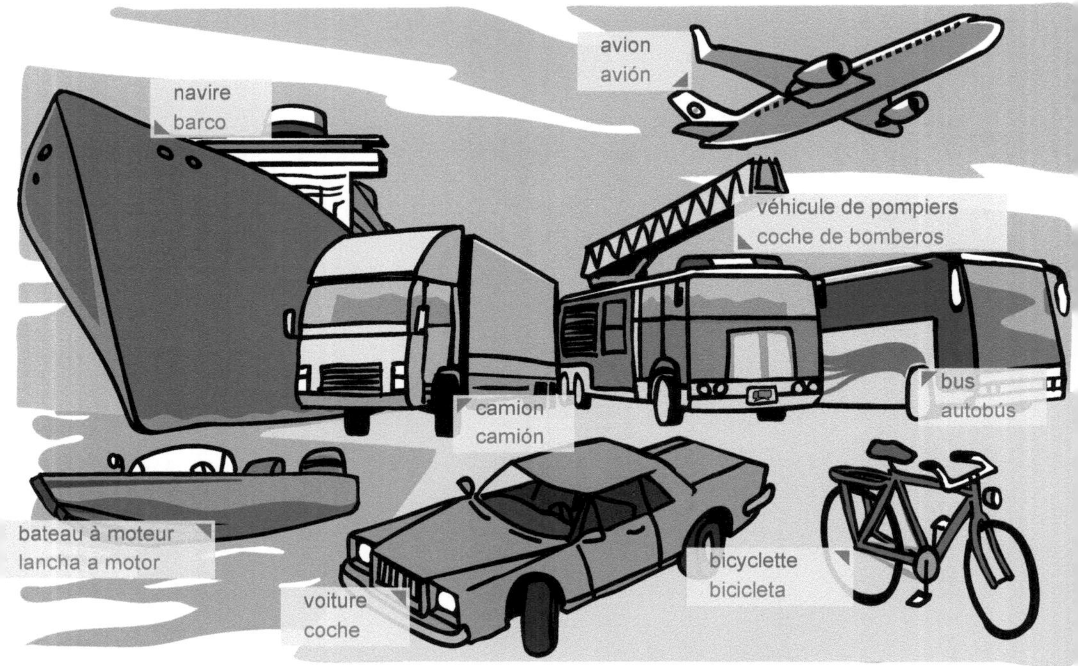

avion
avión
navire
barco
véhicule de pompiers
coche de bomberos
bus
autobús
camion
camión
bateau à moteur
lancha a motor
bicyclette
bicicleta
voiture
coche

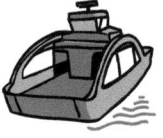

ferry
transbordador

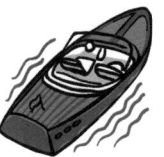

barque
barca

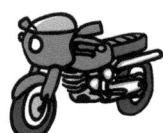

moto
moto

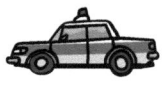

voiture de police
coche de policía

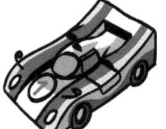

voiture de course
coche de carreras

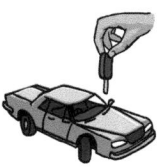

voiture de location
coche de alquiler

auto-partage

préstamo de vehículos

voiture de remorquage

grúa

benne à ordures

camión de la basura

moteur

motor

essence

gasolina

station d'essence

gasolinera

panneau indicateur

señal de tráfico

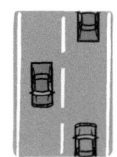

trafic

tráfico

embouteillage

atasco

parking

aparcamiento

gare

estación de tren

rails

vías

train

tren

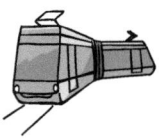

tramway

tranvía

wagon

vagón

hélicoptère

helicóptero

aéroport

aeropuerto

tour

torre

passager

pasajero

conteneur

contenedor

carton

caja de cartón

chariot

carretilla

corbeille

cesta

décoller / atterrir

despegar / aterrizar

ville
ciudad

village

pueblo

centre-ville

centro de ciudad

maison

casa

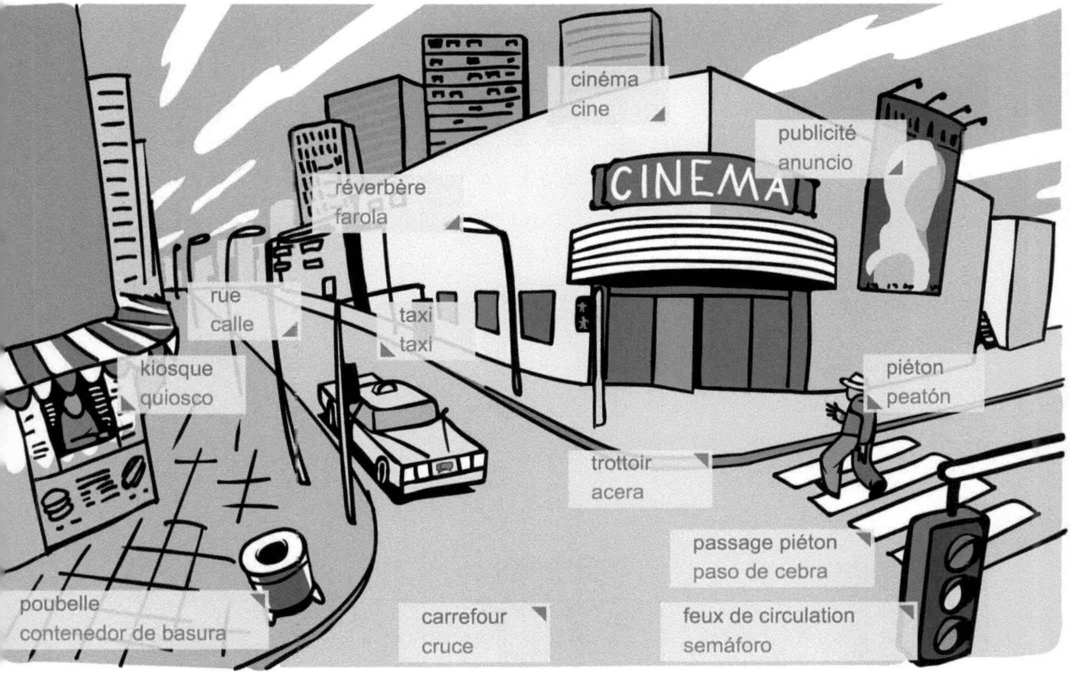

cinéma
cine

publicité
anuncio

réverbère
farola

CINEMA

rue
calle

taxi
taxi

kiosque
quiosco

piéton
peatón

trottoir
acera

passage piéton
paso de cebra

poubelle
contenedor de basura

carrefour
cruce

feux de circulation
semáforo

cabane
cabaña

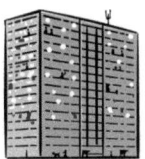

appartement
apartamento

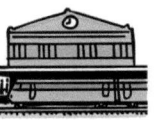

gare
estación de tren

mairie
ayuntamiento

musée
museo

école
escuela

université
universidad

banque
banco

hôpital
hospital

hôtel
hotel

pharmacie
farmacia

bureau
oficina

librairie
librería

magasin
tienda

fleuriste
floristería

supermarché
supermercado

marché
mercado

grand magasin
grandes almacenes

poissonnerie
pescadería

centre commercial
centro comercial

port
puerto

parc

parque

banque

banco

pont

puente

escaliers

escaleras

métro

metro

tunnel

túnel

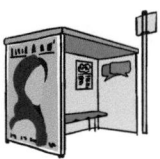

arrêt de bus

parada de autobús

bar

bar

restaurant

restaurante

boîte à lettres

buzón

panneau indicateur

poste indicador

parcmètre

parquímetro

zoo

zoo

piscine

piscina

mosquée

mezquita

ferme

granja

pollution

contaminación

cimetière

cementerio

église

iglesia

aire de jeux

patio de juego

temple

templo

paysage
paisaje

feuille
hoja

panneau indicateur
señal

chemin
camino

pré
prado

pierre
piedra

randonneur
excursionista

arbre
árbol

rivière
río

herbe
hierba

fleur
flor

vallée

valle

montagne

colina

lac

lago

forêt

bosque

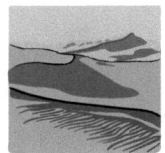

désert

desierto

volcan

volcán

château

castillo

arc-en-ciel

arcoíris

champignon

champiñón

palmier

palmera

moustique

mosquito

mouche

mosca

fourmis

hormiga

abeille

abeja

araignée

araña

coléoptère

escarabajo

grenouille

rana

écureuil

ardilla

hérisson

erizo

lièvre

liebre

chouette

lechuza

oiseau

pájaro

cygne

cisne

sanglier

jabalí

cerf

ciervo

élan

alce

barrage

presa

éolienne

turbina eólica

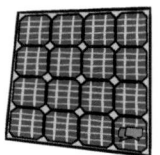

panneau solaire

panel solar

climat

clima

restaurant
restaurante

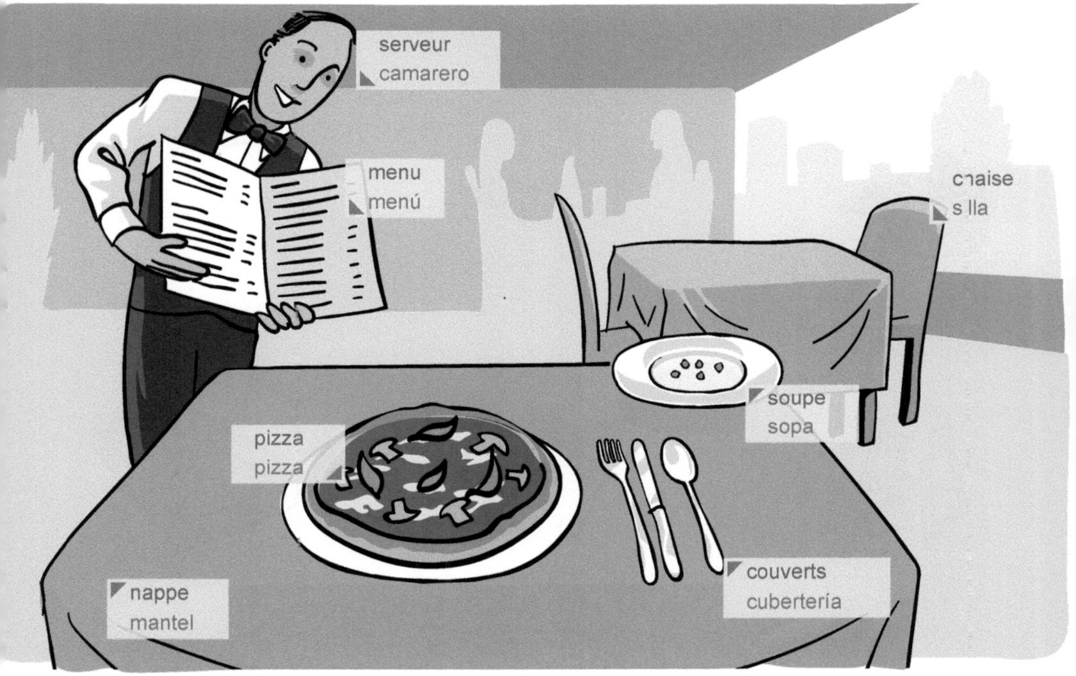
serveur
camarero
menu
menú
chaise
silla
soupe
sopa
pizza
pizza
couverts
cubertería
nappe
mantel

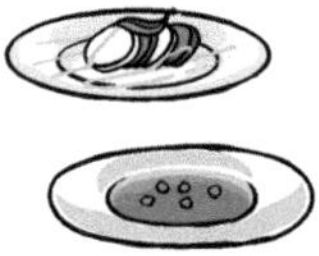

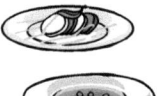

hors d'œuvre

primer plato

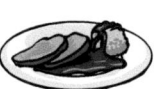

plat principal

plato principal

dessert

postre

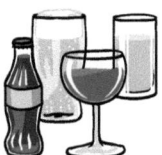

boissons

bebidas

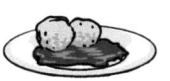

alimentation

comida

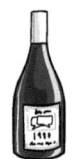

bouteille

botella

fast-food

comida rápida

plats à emporter

comida callejera

théière

tetera

sucrier

azucarero

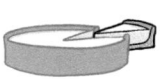

portion

porción

machine à expresso

cafetera expreso

chaise haute

trona

facture

cuenta

plateau

bandeja

couteau

cuchillo

fourchette

tenedor

cuillère

cuchara

cuillère à thé

cucharilla

serviette

servilleta

verre

vaso

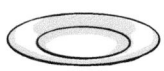

assiette
....
plato

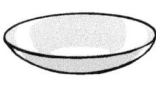

assiette à soupe
....
plato hondo

soucoupe
....
platillo

sauce
....
salsa

salière
....
salero

moulin à poivre
....
molinillo de pimienta

vinaigre
....
vinagre

huile
....
aceite

épices
....
especias

ketchup
....
ketchup

moutarde
....
mostaza

mayonnaise
....
mayonesa

supermarché
supermercado

offre promotionnelle
oferta especial
FOR
client
cliente
produits laitiers
lácteos
fruits
fruta
chariot
carro de la compra

BUTCHERS

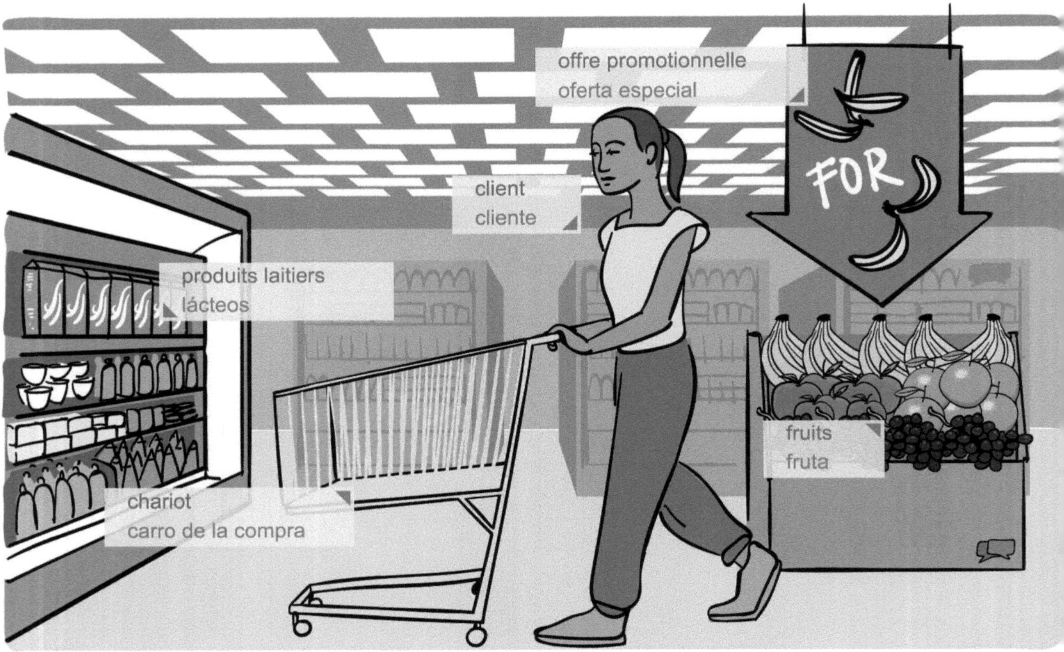

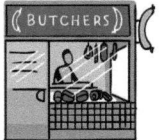

boucherie

carnicería

BAKERY

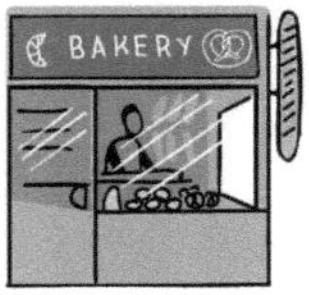

boulangerie

panadería

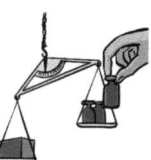

peser

pesar

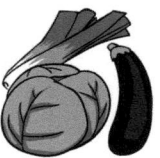

légumes

verduras

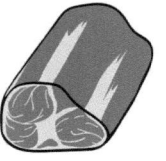

viande

carne

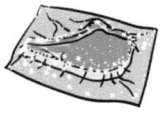

aliments surgelés

alimentos congelados

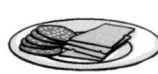

charcuterie

fiambres

conserves

conservas

poudre à lessive

detergente en polvo

bonbons

dulces

articles ménagers

productos de uso doméstico

détergents

productos de limpieza

vendeuse

vendedora

caisse

caja

caissier

cajero

liste d'achats

lista de la compra

heures d'ouverture

horario de atención al público

portefeuille

cartera

carte de crédit

tarjeta de crédito

sac

bolsa

sac en plastique

bolsa de plástico

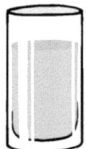

eau
agua

jus de fruit
zumo

lait
leche

coca
cola

vin
vino

bière
cerveza

alcool
alcohol

chocolat chaud
cacao

thé
té

café
café

expresso
expreso

cappuccino
capuchino

banane

plátano

pomme

manzana

orange

naranja

melon

melón

citron

limón

carotte

zanahoria

ail

ajo

bambou

bambú

oignon

cebolla

champignon

champiñón

noisettes

avellanas

pâtes

fideos

spaghetti

espagueti

riz

arroz

salade

ensalada

pommes frites

patatas fritas

pommes de terre rôties

patatas fritas

pizza

pizza

hamburger

hamburguesa

sandwich

sándwich

escalope

filete

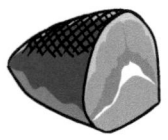

jambon

jamón

salami

salami

saucisse

salchicha

poulet

pollo

rôti

asado

poisson

pescado

flocons d'avoine

copos de avena

muesli

muesli

cornflakes

copos de maíz

farine

harina

croissant

cruasán

petits-pains

panecillo

pain

pan

pain grillé

tostada

biscuits

galletas

beurre

mantequilla

le fromage blanc

cuajada

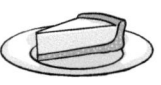

gâteau

pastel

œuf

huevo

œuf au plat

huevo frito

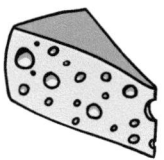

fromage

queso

glace

helado

sucre

azúcar

miel

miel

confiture

mermelada

crème nougat

crema de turrón

curry

curry

ferme
granja

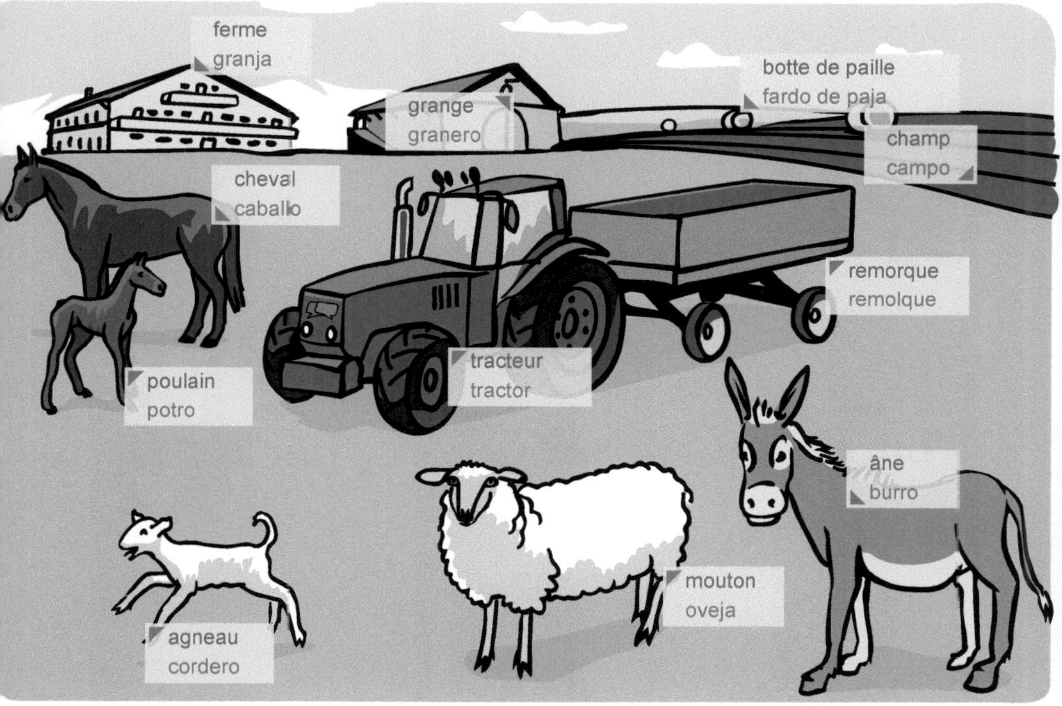
ferme
granja
botte de paille
fardo de paja
grange
granero
champ
campo
cheval
caballo
remorque
remolque
tracteur
tractor
poulain
potro
âne
burro
mouton
oveja
agneau
cordero

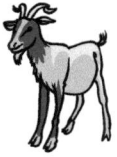

chèvre

cabra

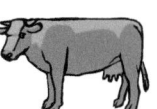

vache

vaca

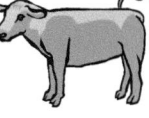

veau

ternero

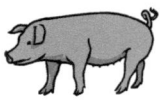

porc

cerdo

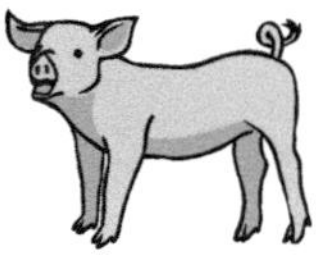

porcelet

cerdito

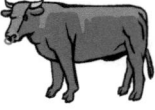

taureau

toro

oie

ganso

canard

pato

poussin

pollo

poule

gallina

coq

gallo

rat

rata

chat

gato

souris

ratón

bœuf

buey

chien

perro

chenil

perrera

tuyau de jardin

manguera

arrosoir

regadera

faucheuse

guadaña

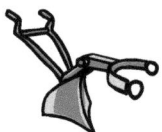

charrue

arado

faucille

hoz

pioche

azada

fourche

horca

hache

hacha

brouette

carretilla

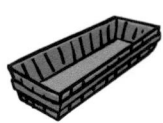

cuve

abrevadero

pot à lait

lechera

sac

saco

clôture

valla

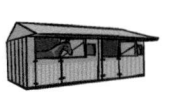

étable

establo

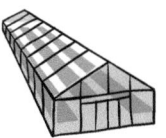

serre

invernadero

sol

suelo

semences

semilla

engrais

fertilizador

moissonneuse-batteuse

cosechadora

récolter

cosechar

récolte

cosecha

igname

ñame

blé

trigo

soja

soja

pomme de terre

patata

maïs

maíz

colza

semilla de colza

arbre fruitier

árbol frutal

manioc

mandioca

céréales

cereales

maison

casa

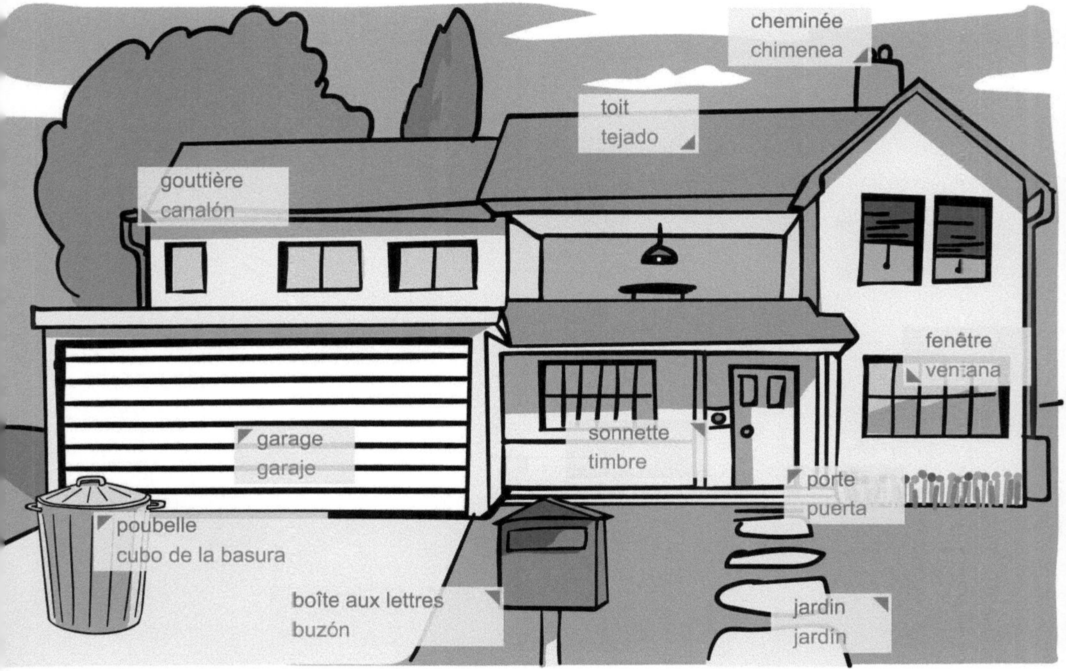
cheminée
chimenea
toit
tejado
gouttière
canalón
fenêtre
ventana
garage
garaje
sonnette
timbre
porte
puerta
poubelle
cubo de la basura
boîte aux lettres
buzón
jardin
jardín

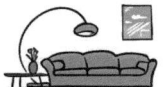

salon

sala

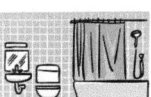

salle de bain

cuarto de baño

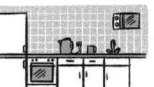

cuisine

cocina

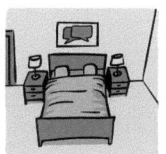

chambre à coucher

dormitorio

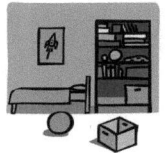

chambre d'enfant

habitación de los niños

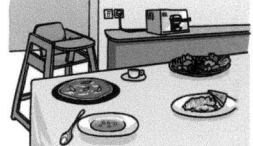

salle à manger

comedor

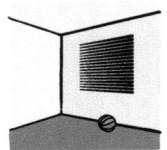

sol

suelo

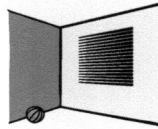

mur

pared

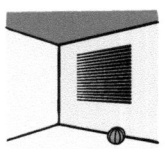

plafond

techo

cave

sótano

sauna

sauna

balcon

balcón

terrasse

terraza

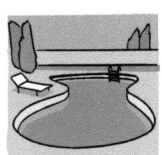

piscine

piscina

tondeuse à gazon

cortacésped

housse

sábana

couette

colcha

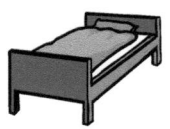

lit

cama

balai

escoba

sceau

balde

interrupteur

interruptor

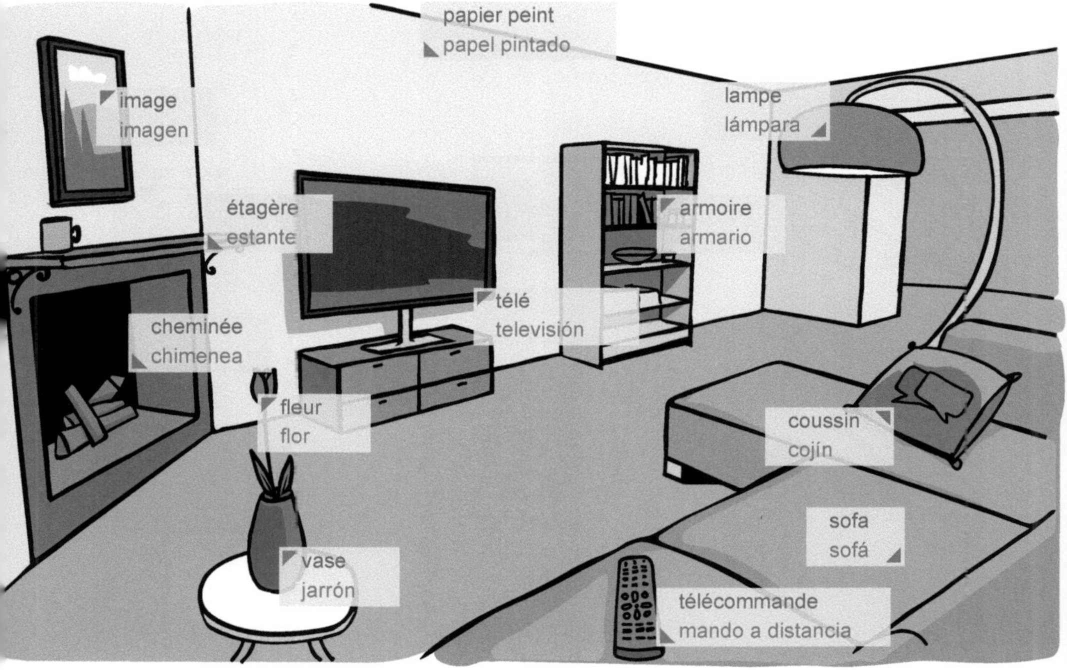

papier peint
papel pintado

image
imagen

lampe
lámpara

étagère
estante

armoire
armario

cheminée
chimenea

télé
televisión

fleur
flor

coussin
cojín

vase
jarrón

sofa
sofá

télécommande
mando a distancia

tapis

alfombra

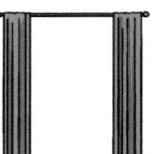

rideau

cortina

table

mesa

chaise

silla

chaise à bascule

mecedora

fauteuil

butaca

livre

libro

couverture

manta

décoration

decoración

bois de chauffage

leña

film

película

chaîne hi-fi

equipo de música

clé

llave

journal

periódico

peinture

pintura

poster

póster

radio

radio

bloc-notes

cuaderno

aspirateur

aspiradora

cactus

cactus

bougie

vela

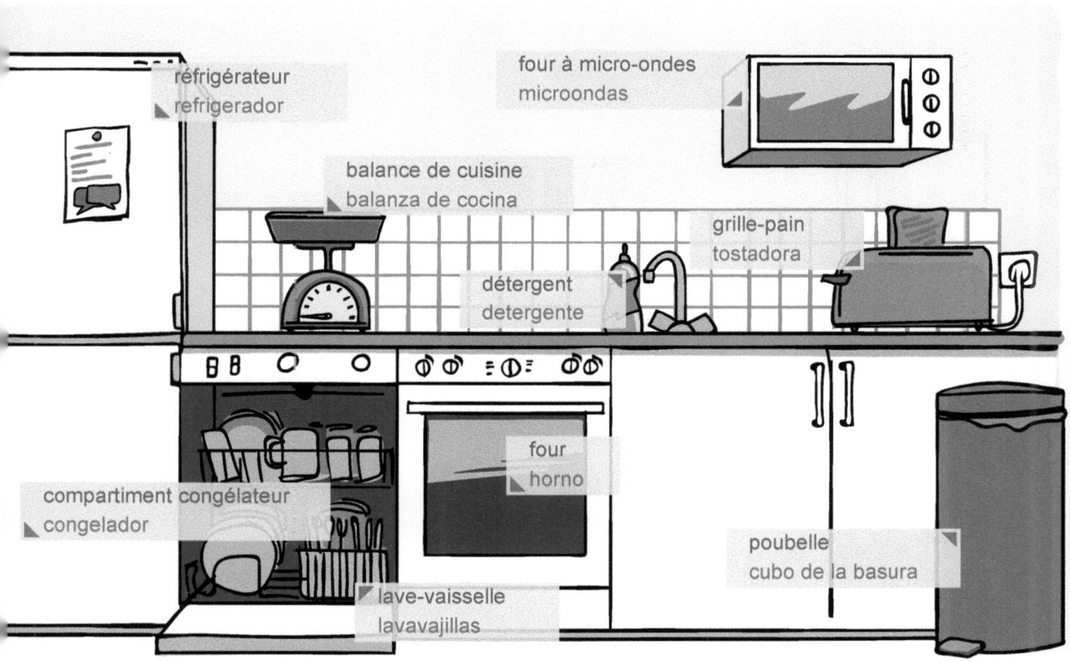

réfrigérateur
refrigerador

four à micro-ondes
microondas

balance de cuisine
balanza de cocina

grille-pain
tostadora

détergent
detergente

four
horno

compartiment congélateur
congelador

poubelle
cubo de la basura

lave-vaisselle
lavavajillas

four
olla a presión

casserole
olla

marmite
olla de hierro fundido

wok / kadai
wok / karahi

poêle
cazuela

bouilloire electrique
hervidor

cuiseur vapeur

vaporera

plaque de cuisson

chapa de horno

vaisselle

vajilla

gobelet

taza

coupe

tazón

baguettes

palillos

louche

cucharón

spatule

espumadera

fouet

batidor

passoire

colador

tamis

cedazo

râpe

rallador

mortier

mortero

barbecue

barbacoa

cheminée

hoguera

planche à découper

tabla de picar

rouleau à pâtisserie

rodillo

tire-bouchon

sacacorchos

boîte

lata

ouvre-boîte

abrelatas

maniques

agarrador

lavabo

lavabo

brosse

cepillo

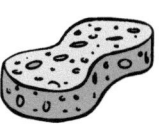

éponge

esponja

mixeur

batidora

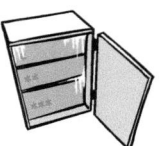

congélateur

congelador

biberon

biberón

robinet

grifo

salle de bain
cuarto de baño

douche
ducha
chauffage
calefacción
serviette
toalla
rideau de douche
cortina de la ducha
bain moussant
baño de espuma
baignoire
bañera
verre
vaso
machine à laver
lavadora
robinet
grifo
carrelage
baldosas
pot
orinal
lavabo
lavabo

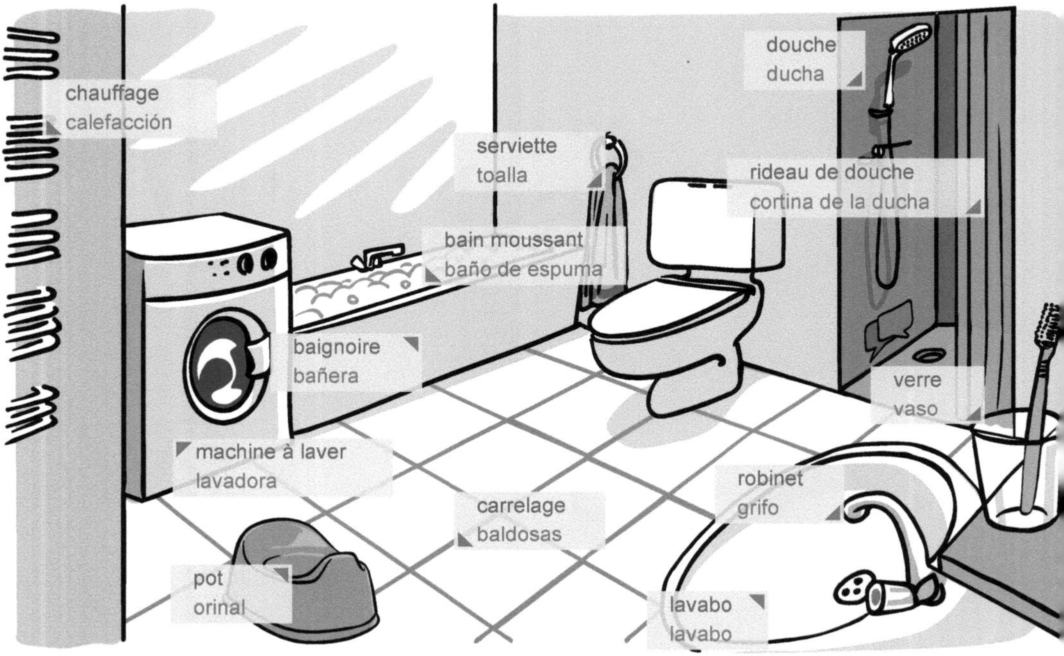

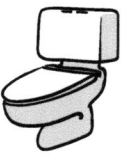

toilettes

inodoro

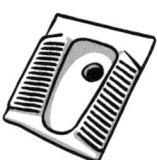

toilette à la turque

inodoro rústico

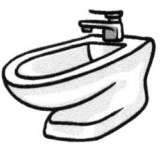

bidet

bidé

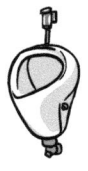

urinoir

urinario

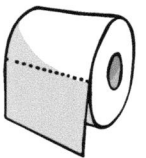

papier toilette

papel higiénico

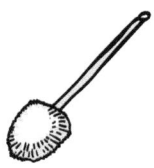

brosse à toilette

escobilla del váter

brosse à dents

cepillo de dientes

dentifrice

pasta de dientes

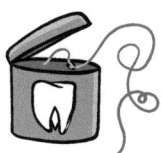

fil dentaire

hilo dental

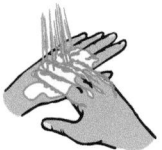

laver

lavar

douche manuelle

ducha de mano

douche intime

ducha íntima

vasque

pila

brosse dorsale

cepillo de espalda

savon

jabón

gel douche

gel de ducha

shampooing

champú

gant de toilette

toallita

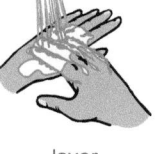

écoulement

desagüe

crème

crema

déodorant

desodorante

miroir

espejo

miroir cosmétique

espejo de tocador

rasoir

maquinilla de afeitar

mousse à raser

espuma de afeitar

après-rasage

loción postafeitado

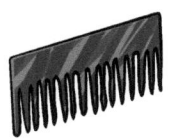

peigne

peine

brosse

cepillo

sèche-cheveux

secador

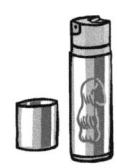

laque pour cheveux

laca

fond de teint

maquillaje

rouge à lèvres

pintalabios

vernis à ongles

pintauñas

ouate

algodón

coupe-ongles

cortauñas

parfum

perfume

trousse de toilette

estuche de viaje

tabouret

banqueta

pèse-personne

balanza

peignoir

albornoz

gants de nettoyage

guantes de goma

tampon

tampón

serviettes hygiéniques

compresa

toilette chimique

inodoro químico

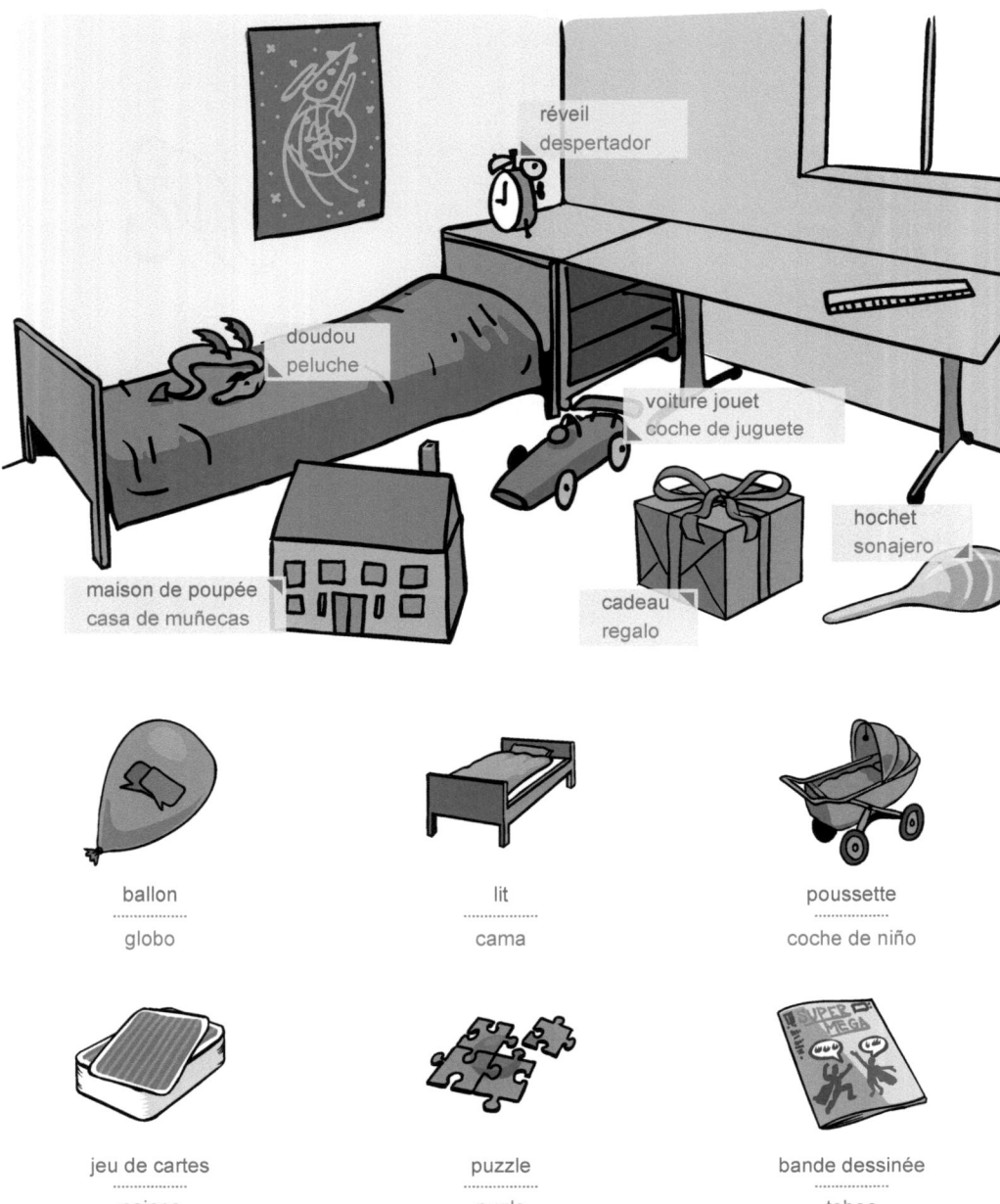

réveil
despertador

doudou
peluche

voiture jouet
coche de juguete

hochet
sonajero

maison de poupée
casa de muñecas

cadeau
regalo

ballon
globo

lit
cama

poussette
coche de niño

jeu de cartes
naipes

puzzle
puzle

bande dessinée
tebeo

pièces lego

piezas de lego

blocs de construction

bloques de juguete

figurine

figura de acción

grenouillère

bodi (de bebé)

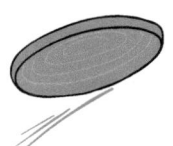

frisbee

frisbee

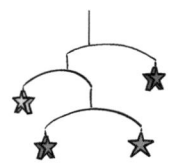

mobile

colgador móvil para bebés

jeu de société

juego de mesa

dé

dados

train miniature

circuito de tren eléctrico

sucette

maniquí

fête

fiesta

livre d'images

álbum de fotos

balle

pelota

poupée

muñeca

jouer

jugar

bac à sable
....
cajón de arena

balançoire
....
columpio

jouets
....
juguetes

console de jeu
....
videoconsola

tricycle
....
triciclo

ours en peluche
....
oso de peluche

armoire
....
guardarropa

vêtements
ropa

chaussettes
....
calcetines

bas
....
medias

collant
....
leotardos

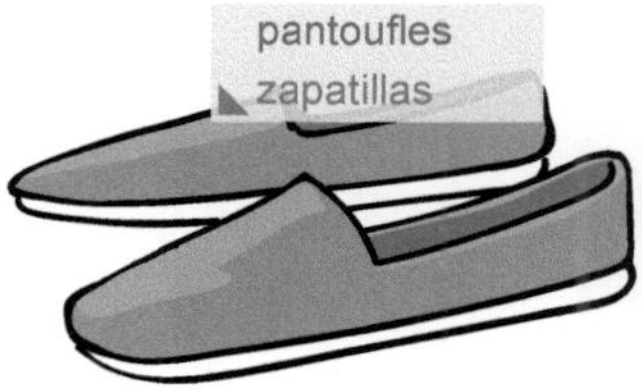

écharpe
bufanda

ceinture
cinturón

parapluie
paraguas

t-shirt
camiseta

bottes
botas

pantoufles
zapatillas

baskets
deportivas

sandales	chaussures	bottes de caoutchouc
sandalias	zapatos	botas de goma
sous-vêtements	soutien-gorge	maillot de corps
slip	sostén	chaleco

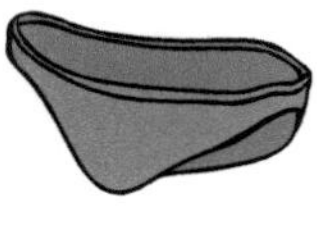

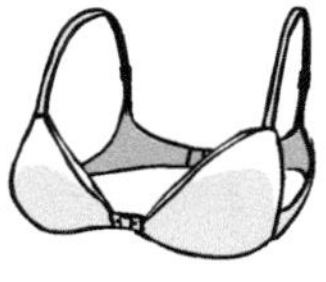

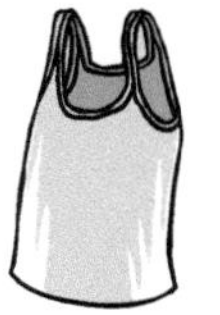

body

bodi

pantalon

pantalones

jean

vaqueros

jupe

falda

chemisier

blusa

chemise

camisa

pull

jersey

sweat à capuche

suéter

veste

blazer

veste

chaqueta

manteau

abrigo

imperméable

gabardina

costume

traje

robe

vestido

robe de mariée

vestido de novia

costume

traje

chemise de nuit

camisón

pyjama

pijama

sari

sari

foulard

bandana

turban

turbante

burqa

burka

caftan

caftán

abaya

abaya

maillot de bain

traje de baño

maillot de bain

bañador

short

pantalones cortos

tenue d'entraînement

chándal

tablier

delantal

gants

guantes

bouton

botón

lunettes

gafas

bracelet

brazalete

collier

collar

bague

anillo

boucle d'oreille

pendiente

bonnet

gorra

cintre

percha

chapeau

sombrero

cravate

corbata

fermeture éclair

cremallera

casque

casco

bretelles

tirantes

uniforme scolaire

uniforme escolar

uniforme

uniforme

bavoir

babero

sucette

maniquí

lange

pañal

bureau
oficina

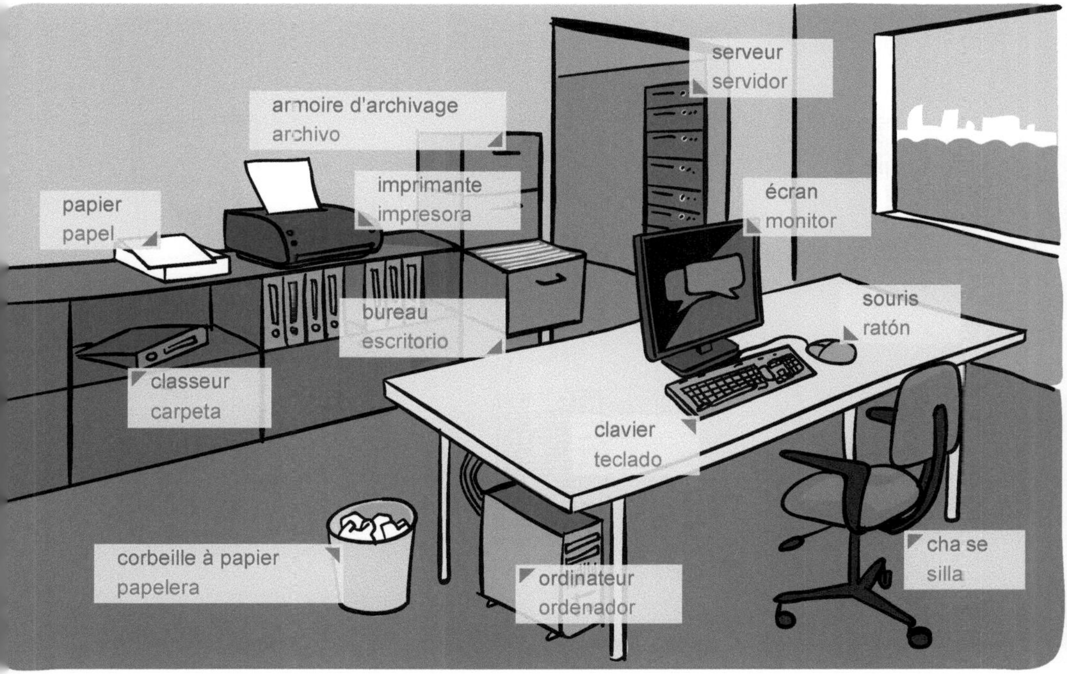

serveur
servidor

armoire d'archivage
archivo

imprimante
impresora

papier
papel

écran
monitor

bureau
escritorio

souris
ratón

classeur
carpeta

clavier
teclado

corbeille à papier
papelera

cha se
silla

ordinateur
ordenador

tasse de café

taza de café

calculatrice

calculadora

internet

internet

ordinateur portable

portátil

lettre

carta

message

mensaje

portable

móvil

réseau

red

photocopieuse

fotocopiadora

logiciel

software

téléphone

teléfono

prise

toma de corriente

fax

fax

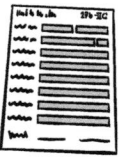

formulaire

formulario

document

documento

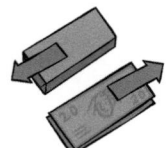

acheter

comprar

payer

pagar

faire du commerce

comerciar

monnaie

dinero

USD

dollar

dólar

EUR

euro

euro

JPY

yen

yen

RUB

rouble

rublo

CHF

franc suisse

franco suizo

CNY

renminbi yuan

renminbi yuan

INR

roupie

rupia

distributeur automatique

cajero automático

bureau de change

oficina de cambio de divisas

or

oro

argent

plata

pétrole

petróleo

énergie

energía

prix

precio

contrat

contrato

taxe

impuesto

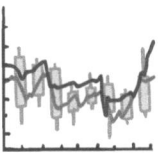

action

acción

travailler

trabajar

employé

empleado

employeur

empleador

usine

fábrica

magasin

tienda

professions
oficios

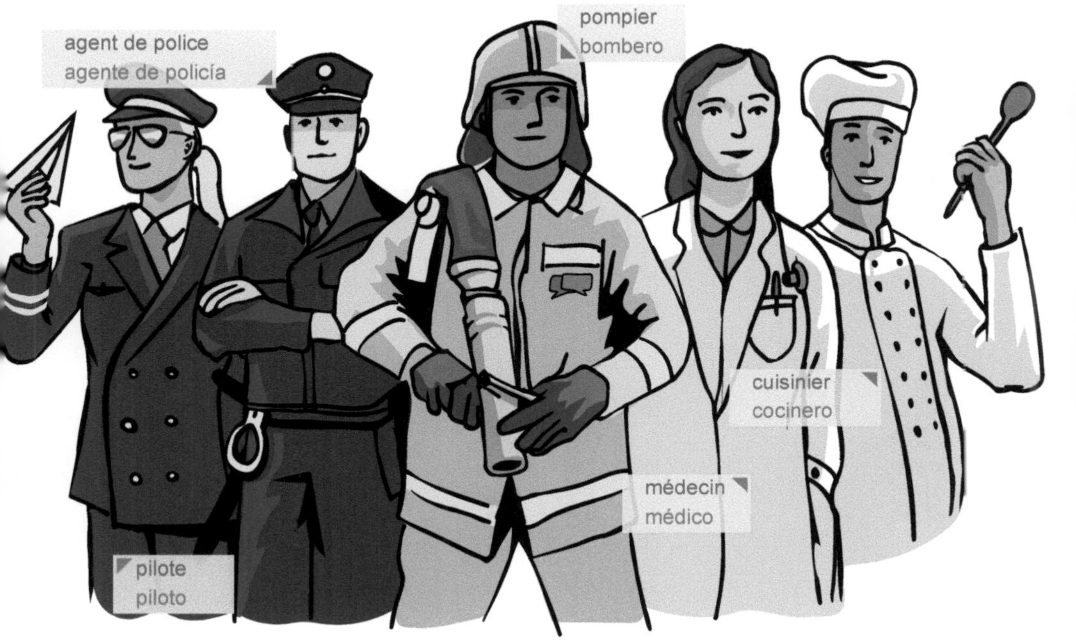
agent de police
agente de policía
pompier
bombero
cuisinier
cocinero
médecin
médico
pilote
piloto

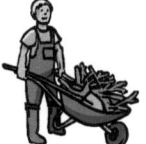

jardinier

jardinero

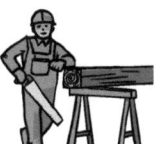

menuisier

carpintero

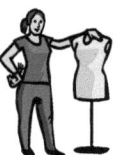

couturière

costurera

juge

juez

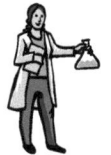

chimiste

farmacéutico

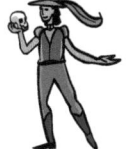

acteur

actor

conducteur de bus

conductor de autobús

chauffeur de taxi

taxista

pêcheur

pescador

femme de ménage

señora de la limpieza

couvreur

techador

serveur

camarero

chasseur

cazador

peintre

pintor

boulanger

panadero

électricien

electricista

ouvrier

obrero

ingénieur

ingeniero

boucher

carnicero

plombier

fontanero

facteur

cartero

soldat

soldado

architecte

arquitecto

caissier

cajero

fleuriste

florista

coiffeur

peluquero

contrôleur

revisor

mécanicien

mecánico

capitaine

capitán

dentiste

dentista

scientifique

científico

rabbin

rabino

imam

imán

moine

monje

prêtre

sacerdote

outils
herramientas

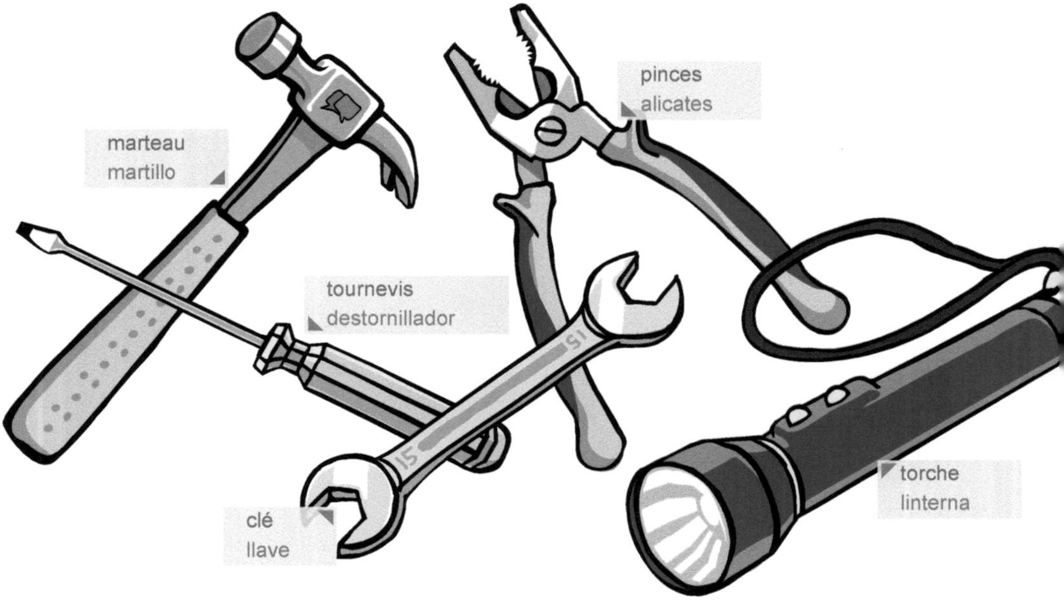

pinces
alicates
marteau
martillo
tournevis
destornillador
clé
llave
torche
linterna

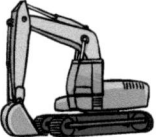

pelleteuse

excavadora

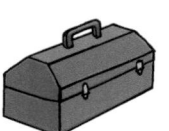

boîte à outils

caja de herramientas

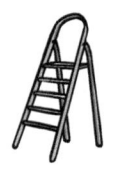

échelle

escalera de mano

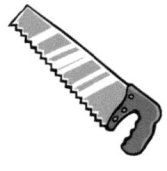

scie

sierra

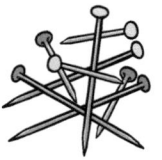

clous

clavos

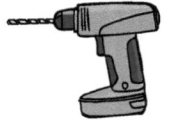

perceuse

taladro

réparer
reparar

pelle
pala

Mince !
¡Maldita sea!

pelle
recogedor

pot de peinture
bote de pintura

vis
tornillos

instruments de musique
instrumentos musicales

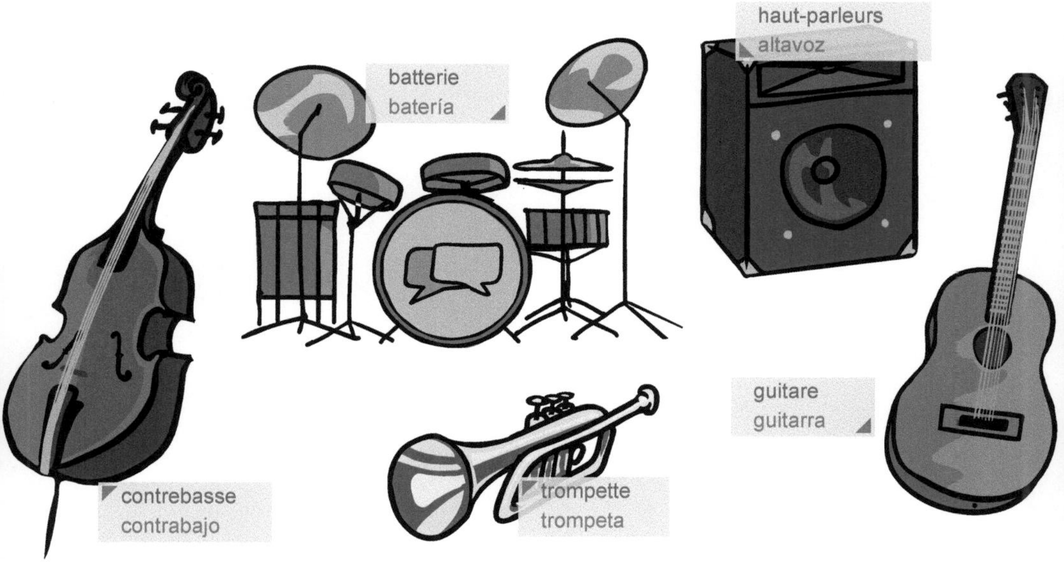

batterie
batería

haut-parleurs
altavoz

guitare
guitarra

contrebasse
contrabajo

trompette
trompeta

piano
piano

violon
violín

basse
bajo

timbales
timbales

tambour
tambor

piano électrique
teclado

saxophone
saxofón

flûte
flauta

microphone
micrófono

instruments de musique - instrumentos musicales

ZOO

ZOO

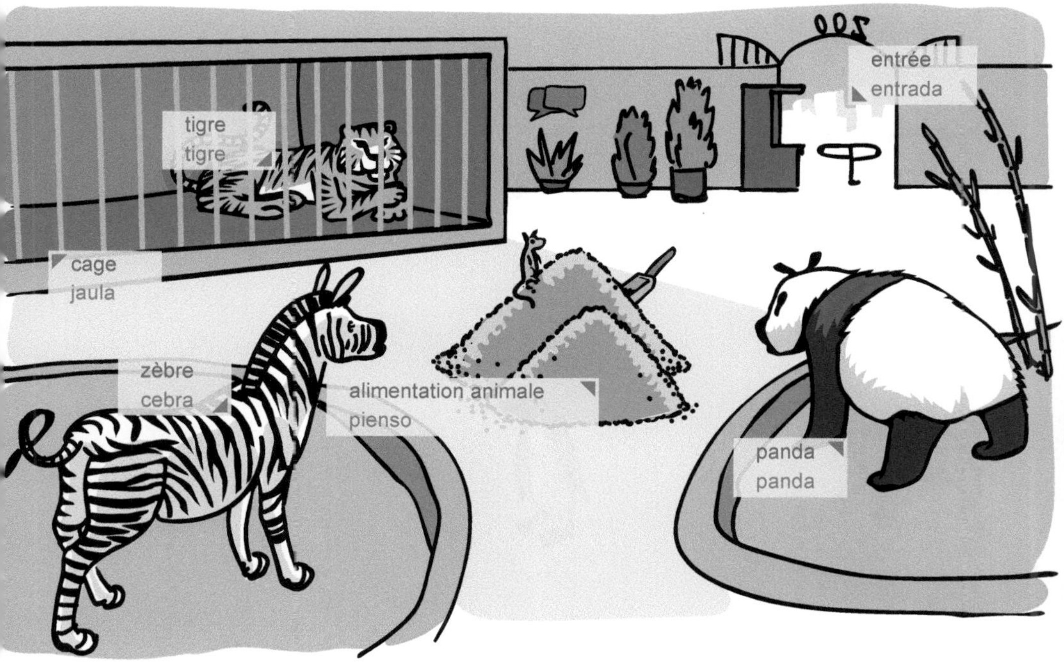

zoo
entrée
entrada
tigre
tigre
cage
jaula
zèbre
cebra
alimentation animale
pienso
panda
panda

animaux
animales

éléphant
elefante

kangourou
canguro

rhinocéros
rinoceronte

gorille
gorila

ours
oso

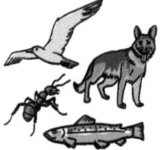

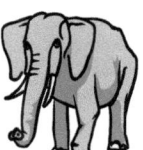

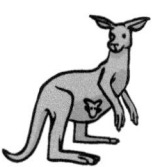

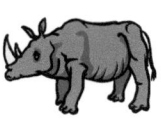

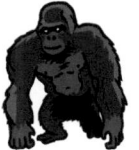

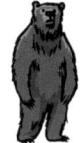

chameau

camello

autruche

avestruz

lion

león

singe

mono

flamand rose

flamingo

perroquet

loro

ours polaire

oso polar

pingouin

pingüino

requin

tiburón

paon

pavo real

serpent

serpiente

crocodile

cocodrilo

gardien de zoo

guardián de zoológico

phoque

foca

jaguar

jaguar

poney

poni

léopard

leopardo

hippopotame

hipopótamo

girafe

jirafa

aigle

águila

sanglier

jabalí

poisson

pescado

tortue

tortuga

morse

morsa

renard

zorro

gazelle

gacela

american Football
fútbol americano

cyclisme
ciclismo

tennis
tenis

basket-ball
baloncesto

natation
natación

boxe
boxeo

hockey sur glace
hockey sobre hielo

football
fútbol

badminton
bádminton

athlétisme
atletismo

handball
balonmano

ski
esquí

polo
polo

rire
reír

sauter
saltar

embrasser
abrazar

marcher
caminar

chanter
cantar

rêver
soñar

prier
rezar

faire la bise
besar

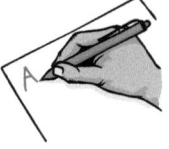

écrire
escribir

dessiner
dibujar

montrer
mostrar

pousser
empujar

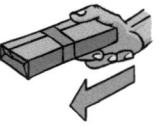

donner
dar

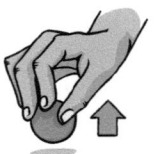

prendre
tomar

avoir

tener

faire

hacer

être

ser

être debout

estar de pie

courir

correr

trier

tirar

jeter

tirar

tomber

caer

être couché

yacer

attendre

esperar

porter

llevar

être assis

estar sentado

s'habiller

vestirse

dormir

dormir

se réveiller

despertar

regarder

mirar

pleurer

llorar

caresser

acariciar

peigner

peinar

parler

hablar

comprendre

entender

demander

preguntar

écouter

escuchar

boire

beber

manger

comer

ranger

ordenar

aimer

amar

cuire

cocinar

conduire

conducir

voler

volar

activités - actividades

65

faire de la voile

navegar

calculer

calcular

lire

leer

apprendre

aprender

travailler

trabajar

se marier

casarse

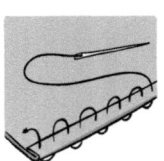

coudre

coser

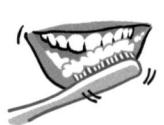

brosser les dents

cepillarse los dientes

tuer

matar

fumer

fumar

envoyer

enviar

activités - actividades

grand-mère
abuela

grand-père
abuelo

père
padre

mère
madre

bébé
bebé

fille
hija

fils
hijo

hôte
....
invitado

tante
....
tía

oncle
....
tío

frère
....
hermano

sœur
....
hermana

corps

cuerpo

front
frente
œil
ojo
épaule
hombro
doigt
dedo
visage
cara
menton
barbilla
main
mano
jambe
pierna
poitrine
pecho
bras
brazo

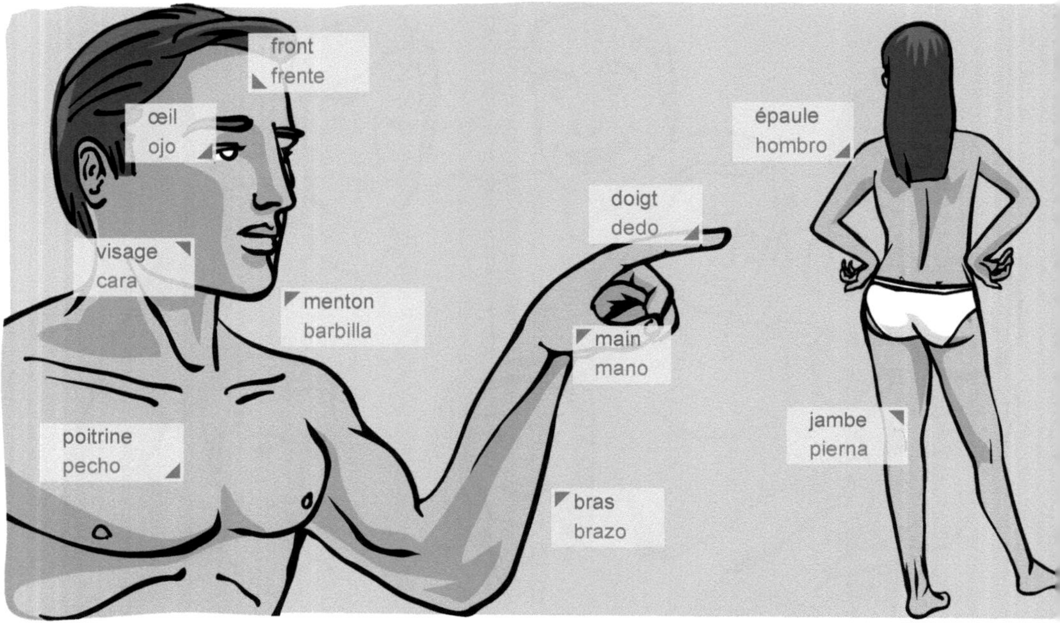

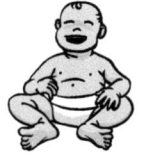

bébé

bebé

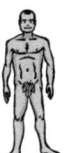

homme

hombre

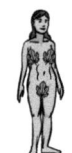

femme

mujer

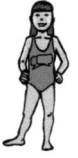

fille

chica

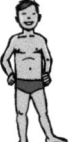

garçon

chico

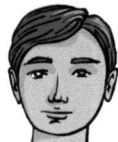

tête

cabeza

dos

espalda

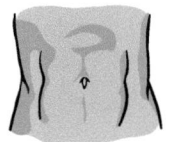

ventre

vientre

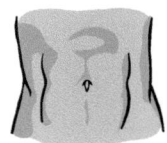

nombril

ombligo

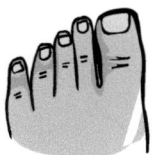

orteil

dedo del pie

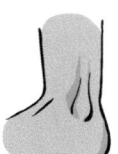

talon

talón

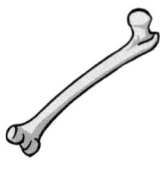

os

hueso

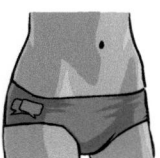

hanche

cadera

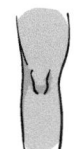

genou

rodilla

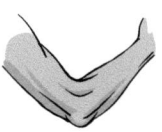

coude

codo

nez

nariz

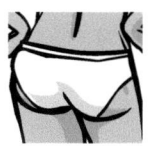

fesses

trasero

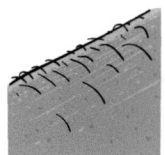

peau

piel

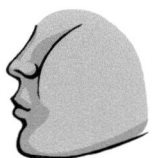

joue

mejilla

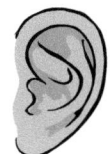

oreille

oído

lèvre

labio

bouche

boca

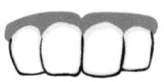

dent

diente

langue

lengua

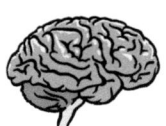

cerveau

cerebro

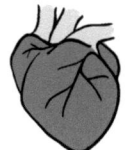

cœur

corazón

muscle

músculo

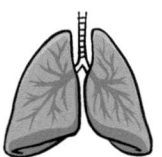

poumons

pulmón

foie

hígado

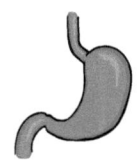

estomac

estómago

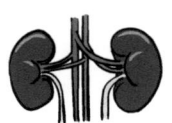

reins

riñones

rapport sexuel

sexo

préservatif

condón

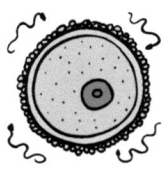

ovule

ovario

sperme

semen

grossesse

embarazo

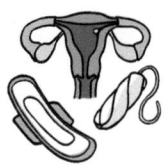

menstruation

menstruación

vagin

vagina

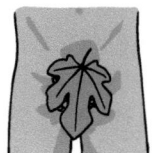

pénis

pene

sourcil

ceja

cheveux

pelo

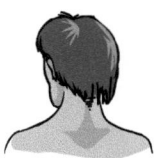

cou

cuello

hôpital
hospital

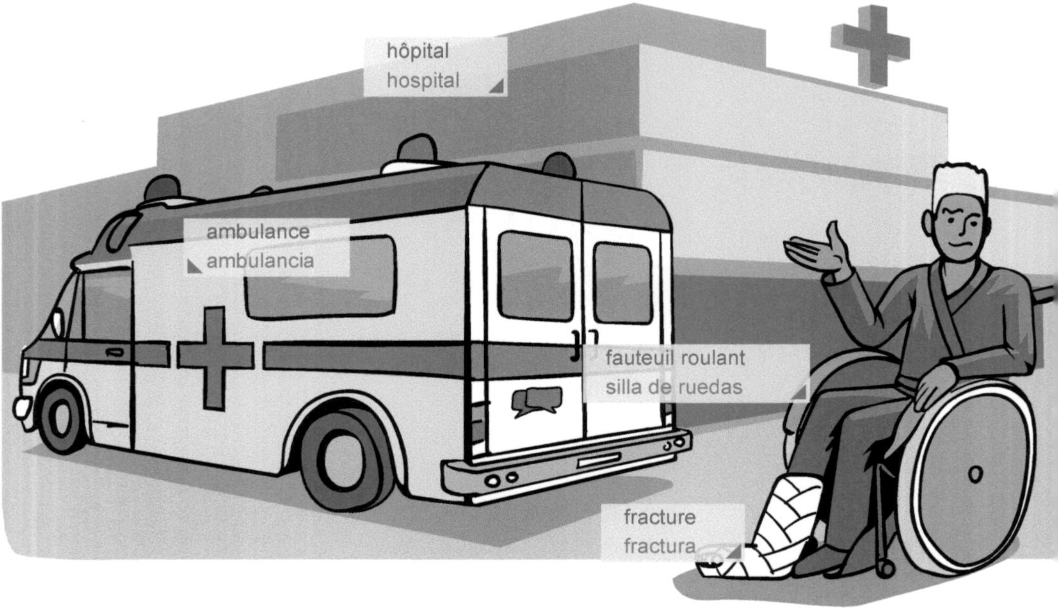

hôpital
hospital
ambulance
ambulancia
fauteuil roulant
silla de ruedas
fracture
fractura

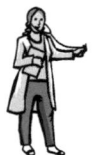

médecin

médico

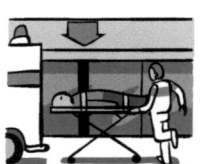

service des urgences

sala de urgencias

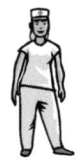

infirmière

enfermera

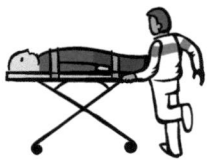

urgence

urgencia

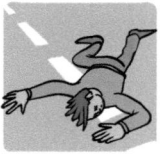

inconscient

inconsciente

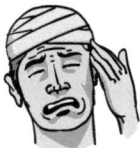

douleur

dolor

blessure

lesión

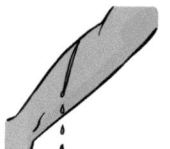

hémorragie

hemorragia

crise cardiaque

infarto

attaque cérébrale

ictus

allergie

alergia

toux

tos

fièvre

fiebre

grippe

gripe

diarrhée

diarrea

mal de tête

dolor de cabeza

cancer

cáncer

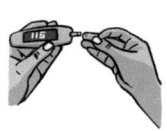

diabète

diabetes

chirurgien

cirujano

scalpel

bisturí

opération

operación

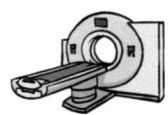

CT

TAC

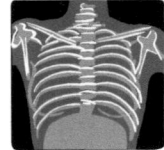

radiographie

rayos x

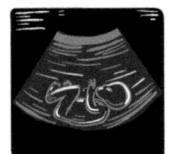

échographie

ultrasonido

masque

mascarilla

maladie

enfermedad

salle d'attente

sala de espera

béquille

muleta

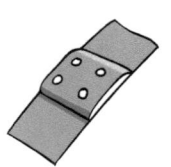

pansement

tirita

pansement

venda

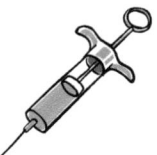

injection

inyección

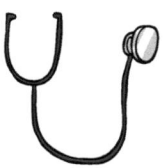

stéthoscope

estetoscopio

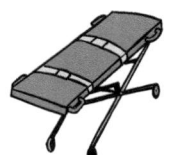

brancard

camilla

thermomètre

termómetro

accouchement

nacimiento

surcharge pondérale

sobrepeso

hôpital - hospital

appareil auditif

audífono

désinfectant

desinfectante

infection

infección

virus

virus

VIH / sida

VIH / SIDA

médicament

medicina

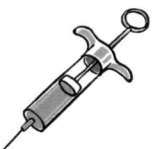

vaccination

vacunación

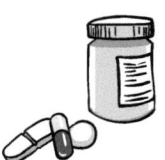

comprimés

tabletas

pilule

pastilla

appel d'urgence

llamada de urgencia

tensiomètre

tensiómetro

malade / sain

enfermo / sano

Au secours !

¡Socorro!

assaut

asalto

alarme

alarma

attaque

ataque

danger

peligro

sortie de secours

salida de emergencia

Au feu!

¡Fuego!

extincteur

extintor de incendios

accident

accidente

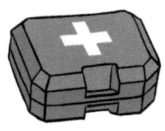

trousse de premier secours

botiquín de primeros
auxilios

SOS

SOS

police

policía

Europe

Europa

Amérique du Nord

Norteamérica

Amérique du Sud

Sudamérica

Afrique

África

Asie

Asia

Australie

Australia

Océan atlantique

Atlántico

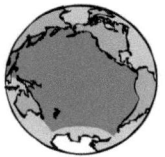

Océan pacifique

Pacífico

Océan indien

Océano Índico

Océan antarctique

Océano Antártico

Océan arctique

Océano Ártico

pôle nord

polo norte

pôle sud

polo sur

Antarctique

Antártida

terre

tierra

pays

tierra

mer

mar

île

isla

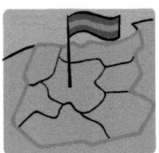

nation

nación

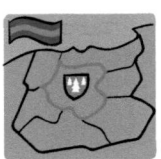

état

estado

cadran

esfera

aiguille des heures

manecilla de las horas

aiguille des minutes

minutero

aiguille des secondes

segundero

Quelle heure est-il ?

¿Qué hora es?

jour

día

temps

tiempo

maintenant

ahora

montre digitale

reloj digital

minute

minuto

heure

hora

semaine

semana

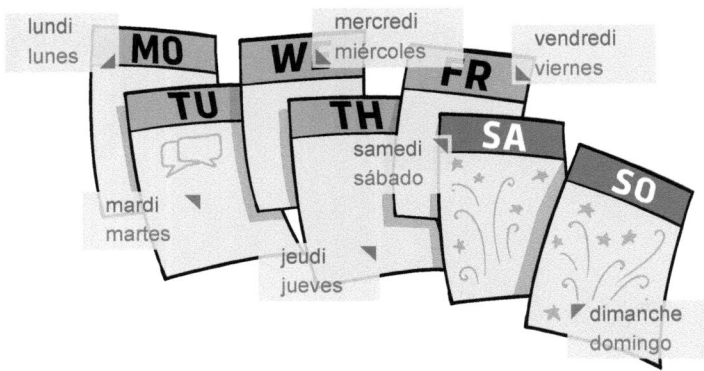

lundi / lunes — MO

mardi / martes — TU

mercredi / miércoles — W

jeudi / jueves — TH

vendredi / viernes — FR

samedi / sábado — SA

dimanche / domingo — SO

hier

ayer

aujourd'hui

hoy

demain

mañana

matin

mañana

midi

mediodía

soir

tarde

MO	TU	WE	TH	FR	SA	SU
1	2	3	4	5	6	7
8	9	10	11	12	13	14
15	16	17	18	19	20	21
22	23	24	25	26	27	28
29	30	31	1	2	3	4

jours ouvrables

días laborables

MO	TU	WE	TH	FR	SA	SU
1	2	3	4	5	6	7
8	9	10	11	12	13	14
15	16	17	18	19	20	21
22	23	24	25	26	27	28
29	30	31	1	2	3	4

week-end

fin de semana

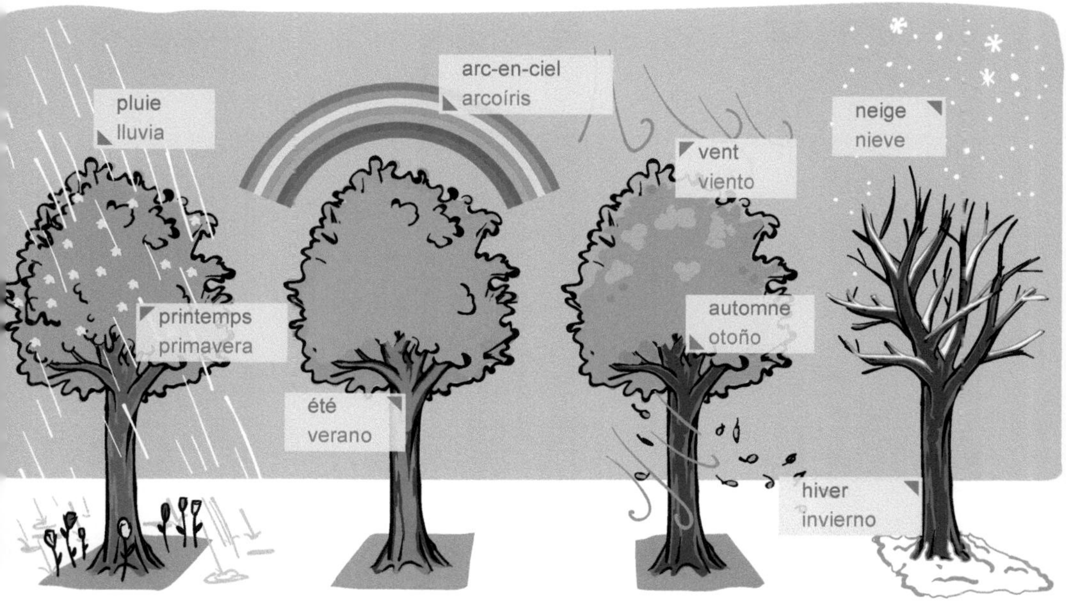

pluie
lluvia
arc-en-ciel
arcoíris
neige
nieve
vent
viento
printemps
primavera
automne
otoño
été
verano
hiver
invierno

4.APRIL 11°
5.APRIL 4°
6.APRIL 13°
7.APRIL 8°
8.APRIL 10°

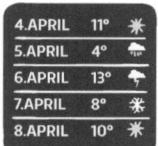

météo

pronóstico del tiempo

F C
120 40
90 30
60 20
30 10
0 0
-30 -10
-20

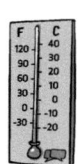

thermomètre

termómetro

lumière du soleil

sol

nuage

nube

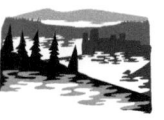

brouillard

niebla

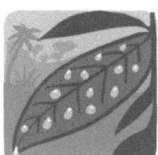

humidité

humedad

foudre

rayo

tonnerre

trueno

tempête

tormenta

grêle

granizo

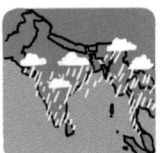

mousson

monzón

inondation

inundación

glace

hielo

janvier

enero

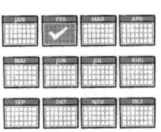

février

febrero

mars

marzo

avril

abril

mai

mayo

juin

junio

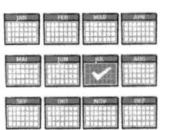

juillet

julio

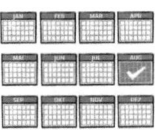

août

agosto

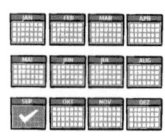

septembre
....
septiembre

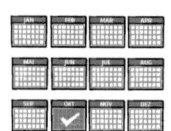

octobre
....
octubre

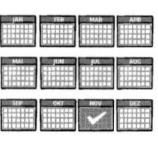

novembre
....
noviembre

décembre
....
diciembre

formes
formas

cercle
....
círculo

carré
....
cuadrado

rectangle
....
rectángulo

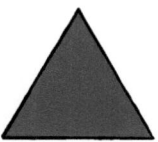

triangle
....
triángulo

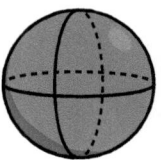

sphère
....
esfera

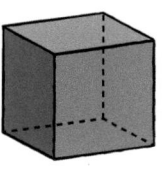

cube
....
cubo

blanc

blanco

jaune

amarillo

orange

anaranjado

rose

rosa

rouge

rojo

violet

morado

bleu

azul

vert

verde

marron

marrón

gris

gris

noir

negro

beaucoup / peu

mucho / poco

fâché / calme

enojado / tranquilo

joli / laid

bonito / feo

début / fin

principio / fin

grand / petit

grande / pequeño

clair / obscure

claro / oscuro

frère / soeur

hermano / hermana

propre / sale

limpio / sucio

complet / incomplet

completo / incompleto

jour / nuit

día / noche

mort / vivant

muerto / vivo

large / étroit

ancho / estrecho

comestible / incomestible

comestible / no comestible

méchant / gentil

malo / amable

excité / ennuyé

entusiasmado / aburrido

gros / mince

gordo / delgado

premier / dernier

primero / último

ami / ennemi

amigo / enemigo

plein / vide

lleno / vacío

dur / souple

duro / blando

lourd / léger

pesado / ligero

faim / soif

hambre / sed

malade / sain

enfermo / sano

illégal / légal

ilegal / legal

intelligent / stupide

inteligente / tonto

gauche / droite

izquierda / derecha

proche / loin

cerca / lejos

nouveau / usé

nuevo / usado

rien / quelque chose

nada / algo

vieux / jeune

viejo / joven

marche / arrêt

encendido / apagado

ouvert / fermé

abierto / cerrado

faible / fort

silencioso / ruidoso

riche / pauvre

rico / pobre

correct / incorrect

correcto / incorrecto

rugueux / lisse

áspero / suave

triste / heureux

triste / contento

court / long

corto / largo

lent / rapide

lento / rápido

mouillé / sec

húmedo / seco

chaud / froid

cálido / frío

guerre / paix

guerra / paz

0

zéro

cero

1

un / une

uno

2

deux

dos

3

trois

tres

4

quatre

cuatro

5

cinq

cinco

6

six

seis

7

sept

siete

8

huit

ocho

9

neuf

nueve

10

dix

diez

11

onze

once

12

douze

doce

13

treize

trece

14

quatorze

catorce

15

quinze

quince

16

seize

dieciséis

17

dix-sept

diecisiete

18

dix-huit

dieciocho

19

dix-neuf

diecinueve

20

vingt

veinte

100

cent

cien

1.000

mille

mil

1.000.000

million

millón

langues
idiomas

anglais
inglés

anglais américain
inglés americano

chinois mandarin
chino mandarín

hindi
hindi

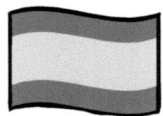

espagnol
español

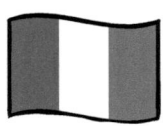

français
francés

arabe
árabe

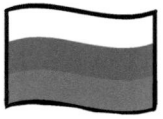

russe
ruso

portugais
portugués

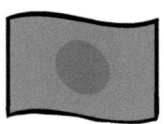

bengali
bengalí

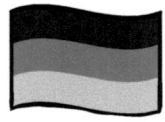

allemand
alemán

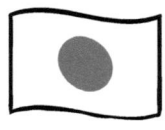

japonais
japonés

je

yo

tu

tú

il / elle / ce, c', cela

él / ella / ello

nous

nosotros/as

vous

vosotros/as

ils / elles

ellos/as

Qui ?

¿quién?

Quoi ?

¿qué?

Comment ?

¿cómo?

Où ?

¿dónde?

Quand ?

¿cuándo?

nom

nombre

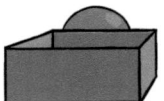

derrière

detrás

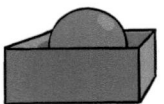

dans

en

devant

delante de

au-dessus

por encima de

sur

sobre

en-dessous

debajo de

à côté de

junto a

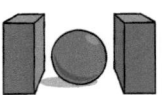

entre

entre

lieu

lugar